CHAMBRE DE COMMERCE

DES ARRONDISSEMENTS DE MOULINS ET LAPALISSE

MODIFICATIONS

AU

PROJET DE LOI

sur le Régime des Jeux

VŒU PRÉSENTÉ PAR M. C. BOUGAREL ET ADOPTÉ
PAR LA CHAMBRE DE COMMERCE
DANS SA SÉANCE DU 25 NOVEMBRE 1904.

VICHY

IMPRIMERIE C. BOUGAREL, RUE SORNIN

—

1904

MODIFICATIONS

AU

PROJET DE LOI

SUR LE

RÉGIME DES JEUX

EXPOSÉ DES MOTIFS

MESSIEURS,

L'État, on le sait, a, déjà, par la loi du 2 juin
et le décret du 7 juillet 1891, organisé le jeu sur
les Champs de Courses ; il fait surveiller, par des
agents du Ministère des Finances, les opérations
du pari mutuel, sur les enjeux duquel il prélève
10 pour cent au bénéfice de l'élevage et des œuvres
d'assistance ; aujourd'hui, il veut généraliser cette
mesure et l'appliquer aux jeux de hasard interdits
par la loi du 14 juillet 1836.

Le Gouvernement a été appelé à prendre cette
détermination pour réprimer les abus qui se sont
produits à la suite de l'arrêt du Conseil d'Etat du
18 avril 1902 et de l'application de la loi du 1er juillet 1901 sur les associations, qui ont permis, depuis deux ans, à un nombre considérable de maisons de jeux de s'ouvrir, si bien qu'elles consti-

tuent un danger pour la morale publique et portent un réel préjudice au commerce.

M. le Ministre de la Justice a donc déposé, le 22 octobre 1904, sur le bureau de la Chambre, un projet de loi sur le Régime des Jeux, projet qui, en mettant un terme aux abus, offrira au public des garanties de surveillance et permettra aux œuvres d'assistance ou d'utilité publiques d'en bénéficier largement

Mais, tel qu'il a été renvoyé à la Commission de la réforme judiciaire et de la législation civile et criminelle, ce projet renferme des lacunes qu'il nous appartient de signaler l'attention dès législateurs.

Il vous paraîtra peut-être singulier, Messieurs, que j'évoque, devant votre Compagnie, semblable discussion ; peut-être me direz-vous : qu'avons-nous à voir dans cette question des jeux ? Je vous répondrai, sans hésiter, que cette question est intimement liée aux intérêts commerciaux de toutes les stations thermales et balnéaires qui constituent une des richesses de la France.

Vous avez, dans votre circonscription électorale, trois villes d'eaux, dont l'une, Vichy, est certainement la plus importante et la plus réputée de toutes celles du monde entier. A diverses reprises, j'ai eu l'honneur de vous entretenir des intérêts vitaux et primordiaux de la Reine des Eaux, et, chaque fois que j'ai pris, devant vous, la parole en sa faveur, j'ai toujours trouvé en vous, je me plais à le reconnaître, la plus grande bienveillance et le désir constant de contribuer, par vos décisions, à son développement et à sa grandeur.

Or, Messieurs, je fais appel à ce sentiment, qui

inspira toujours vos délibérations, pour vous prier d'intervenir, aujourd'hui, dans cette question des jeux, dont est saisi le Parlement, et qui intéresse au plus haut point toutes les villes d'eaux, toutes les stations balnéaires ou sanitaires de France, dont la prospérité serait gravement compromise si la loi, déposée par M. le Garde des Sceaux, était votée sans modifications.

Il est, maintenant, parfaitement établi que les stations thermales et balnéaires ne sont pas seulement des villes où les malades viennent se soigner et chercher la santé, mais que ce sont aussi des lieux de villégiature où il est de bon ton de venir se reposer et se distraire pendant les chaleurs de l'été. Il a donc fallu, pour répondre aux désirs de cette clientèle et à ses goûts, créer des attractions de toutes sortes et s'ingénier à faire, d'année en année, toujours plus beau, toujours plus grand, pour ne pas se laisser devancer par les villes d'eaux rivales étrangères, principalement par les stations allemandes qui, elles, ne négligent rien pour attirer et retenir baigneurs et touristes. Inventer des distractions mondaines a donc été, depuis vingt ans, l'objectif de toutes les villes d'eaux et, de cette émulation, sont nés, à Vichy, les Courses, le Concours Hippique, le Tir aux Pigeons, les Concours d'automobiles, les Régates, etc., etc

Mais, pour lancer d'abord, et soutenir ensuite toutes ces institutions sportives, il fallait. chaque année, beaucoup d'argent. La Ville de Vichy, accablée de charges et obligée à des dépenses d'entretien et d'assainissement considérables, ne pouvait intervenir pour les subventionner ; on fut donc dans l'obligation de s'adresser aux grands établissements privés et principalement aux Cercles pour s'assurer les ressources qu'il était impossible de se procureur ailleurs.

Remarquez, Messieurs, que cette situation n'est pas particulière à Vichy ; elle est absolument la même dans les autres villes d'eaux, qui, toutes, sont intéressantes au même titre ; je pourrais vous citer plusieurs d'entre elles dont le luxe et les attraits ne reposent que sur les ressources que leur procurent les jeux. Mais je ne m'attarderai pas à une démonstration qui serait trop longue et, tout en traitant une thèse générale, je me bornerai à vous citer l'exemple de Vichy.

Quand, en 1880, on fonda le Cercle International, on ne savait les résultats qu'il donnerait. Son développement rapide indiqua bientôt les services qu'il pouvait rendre à la station thermale et, en 1885, par un traité à longue échéance, on mit son administration dans l'obligation de créer les Courses de chevaux, d'abord, puis le Concours Hippique du Sud-Est de la France. Aujourd'hui, cet établissement subventionne largement le Tir aux Pigeons, le Vélo Sport, les Régates et toutes les Sociétés locales qui organisent des fêtes ; il s'associe généreusement à toutes les œuvres de bienfaisance ; enfin, il a créé, en 1900, le Grand Prix de Cent mille francs sans lequel, maintenant, on ne peut concevoir Vichy, le Grand Prix de Cent mille francs, grandiose réclame à laquelle notre ville ne pourrait, aujourd'hui, renoncer sans déchoir, par ce temps de lutte pour la vie et d'ingéniosité peut-être excessive.

Depuis 1885, le Cercle International prélève, chaque année, sur les recettes qu'il réalise, par

le jeu, une somme supérieure à 250.000 francs
destinée aux attractions de notre station thermale,
alors qu'il ne distribue que 160.000 francs à ses
actionnaires ; il est devenu un établissement dont
l'utilité publique ne saurait être contestée. Quant
aux autres établissements de Vichy, dans lesquels
les jeux sont autorisés : Cercle du Casino, Eden,
Elysée-Palace et Jardin de Vichy, il est juste de
reconnaître qu'ils contribuent, dans la mesure des
ressources dont ils disposent, à l'organisation des
fêtes ; il convient même d'ajouter que les autorisations, dont ils jouissent, ne leur ont été accordées
qu'à titre de subvention pour assurer l'existence
de leurs théâtres qui ne pourraient vivre sans cela.

Or, si la loi était votée telle que la propose
M. Vallé, elle causerait la ruine de Vichy, car elle
boulverserait si profondément le mode actuel de
l'exploitation des Cercles que ceux-ci ne pourraient plus réaliser aucun bénéfice légal et seraient, par conséquent, dans l'impossibilité de verser les subventions — plus de 350.000 francs par
an — qui assurent la prospérité de Vichy. Il en
serait fait des Courses, du Concours Hippique, du
Grand Prix de 100,000 francs et de toutes les autres
fêtes : les superbes représentations théâtrales et les
merveilleux concerts, qui sont une des grandes
attractions de Vichy, auraient vécu ; la réclame
considérable, qui se fait autour de ces institutions
n'existerait plus.

Examinez, Messieurs, quelles seraient les consé-
quences d'un tel état de choses pour le commerce et
l'industrie locaux ; jugez si l'intervention, que je
réclame de votre part, auprès des pouvoirs publics
et des législateurs, n'est pas absolument nécessaire.

Certes, si j'entrevoyais la possibilité de trouver ailleurs les ressources que Vichy tire directement des Cercles, je ne m'élèverais pas comme je le fais, et comme je vous demande de le faire, contre le projet de loi de M. Vallé ; mais, hélas ! personne, aujourd'hui, en dehors des jeux, ne peut fournir les sommes que je vous ai indiquées, personne ne peut assumer de telles charges. Ce n'est pas la Ville ; avec une population, dont le chiffre n'atteint pas 15.000 âmes, elle supporte les charges d'une cité de 40.000 habitants ; elle n'en a les avantages que pendant quatre mois de l'année. Ce n'est pas la Ville qui entretient et éclaire près de 50 kilomètres de rues, qui a dû se frapper de 35 centimes additionnels pour payer les travaux d'assainissement en cours d'exécution et aura prochainement de nouvelles dépenses à faire pour répondre aux exigences de la loi sur l'hygiène publique ; ce n'est pas enfin la Ville qui, elle-même, a déjà obtenu des jeux de Petits Chevaux une subvention de 30.000 francs, qu'elle incorpore à son budget ordinaire des recettes.

Quant à l'Etat, auquel Vichy rapporte plus de quatorze cent mille francs par an, en dehors des impôts et contributions de toutes sortes, il saurait d'autant moins intervenir dans des dépenses de cette nature que lui-même entend se ménager de nouvelles ressources au moyen de la réglementation des jeux.

Reste la Compagnie fermière de l'Etablissement thermal de Vichy a laquelle l'Etat a concédé la ferme de l'exploitation des Eaux minérales. Peut-on logiquement et légalement lui imposer des charges autres que celles qui résultent de son bail ?

Assurément non ! Elle verse actuellement aux sociétés sportives de Vichy, une somme supérieure à 30.000 francs et ne retire aucun profit direct de leurs organisations en dehors du Cercle qu'on lui a permis d'ouvrir dans son Casino et dont elle a affermé l'exploitation à une Société anonyme spéciale.

Il ne faut pas non plus songer à s'adresser aux contribuables de Vichy, déjà surchargés d'impôts du fait des 85 centimes départementaux et des 58 centimes communaux, dont sont frappés leurs contributions et auxquels on demandera encore de nouveaux sacrifices pour parachever l'assainissement de Vichy et entreprendre les travaux de voirie qui en seront la conséquence obligatoire.

Donc si, par une nouvelle loi, on met les Maisons où l'on joue dans l'impossibilité matérielle de verser les trois cent cinquante mille francs qu'elles prélèvent, chaque année, sur leurs bénéfices, dans l'intérêt de Vichy, c'en est fait de l'avenir de notre grande cité thermale, qui reculera, d'un seul coup, de plus de vingt ans en arrière au détriment de ses habitants, commerçants ou industriels et au préjudice de l'Etat lui-même intéressé plus que tout autre à la prospérité de notre station balnéaire.

Je vous ai exposé, Messieurs, quelle est notre situation actuelle et ce qu'elle deviendrait sous le régime de la nouvelle loi. Il fallait, en effet, que je prisse un exemple pour vous bien faire apprécier le danger que je vous signale, et j'ai cité Vichy, mais il est bien certain que ma démonstration s'applique à toutes les villes d'eaux de France qui ont su, comme nous, tirer profit des jeux dans l'intérêt commun des baigneurs, touristes, com-

merçants et industriels de tous genres, dans
l'intérêt de l'Etat et du budget national. C'est donc
un cri d'alarme que je pousse au nom de tous et
qui, je l'espère, sera entendu de tous.

MODIFICATIONS AU PROJET DE LOI

Après avoir nettement posée la question et avant
de formuler le vœu que je vous demanderai d'é-
mettre, comme conséquence des faits exposés plus
haut, permettez-moi, Messieurs, de discuter diffé-
rentes dispositions du projet de loi de M. le Ministre de la Justice.

Je m'empresse, tout d'abord, de déclarer que
cette nouvelle réglementation des jeux en France
arrive à son heure et qu'il était absolument nécessaire de mettre fin aux scandaleux abus qui se
commettaient sous le couvert de la loi sur les
associations. Cependant, si cette nouvelle réglementation doit être telle qu'elle rende les jeux tout
à fait impossibles, le remède serait pire que le mal.
Or, n'est-ce pas rendre les jeux impossibles dans
les Cercles de Villes d'eaux que d'exiger, comme le
veut le projet de loi, que le Conseil d'administration
d'un Cercle, c'est-à-dire les neuf membres actifs de
ce Cercle, commerçants, médecins, fonctionnaires
ou rentiers de la Ville, qui composent le Conseil
d'administration, soient eux-mêmes les tenanciers
des jeux et ne puissent, comme cela se fait actuellement, se substituer un fermier ?... Je le répète,
ce paragraphe de l'article 3 du nouveau projet
équivaut à la suppression brutale des jeux, car jamais on ne trouvera neuf membres actifs d'un
Cercle, ignorants, pour la plupart, de la manière

dont on doit diriger une exploitatton de ce genre, qui voudront faire eux-mêmes le métier prescrit par la loi avec les pénalités prévues à l'article 4, et cela au bénéfice d'œuvres d'assistance ou d'utilité publiques, qui n'auront pas même l'avantage d'être locales.

Pourquoi ne pas permettre le mode d'exploitation actuel qui n'a jamais donné lieu à des plaintes sérieuses; pourquoi ne pas laisser seulement au neuf membres du Conseil d'administration la surveillance de cette exploitation, et, si l'on veut leur en imposer la responsabilité légale, pourquoi ne pas attribuer à la Commune où ce jeu fonctionne, le prélèvement qui sera édicté ?

Les membres des Commissions de Cercles, dans les villes d'eaux, doivent avoir une influence morale considérable pour maintenir le bon ordre entre gens qui ne se connaissent pas. En les transformant en tenanciers de maison de jeux, on leur enlève toute autorité, ou on les met dans l'obligation de violer la loi au moyen de traités secrets. Est-ce cela que désire le Gouvernement ? Certainement non ! alors pourquoi ne pas laisser aux Commissions des Cercles le droit d'administrer comme bon leur semblent. Exige-t-on, sur les hippodromes, que les Commissaires des Courses exploitent eux-mêmes le pari mutuel ? N'autorise-t-on pas, pour ce pari mutuel, les Sociétés de Courses à se substituer un fermier ? l'Etat et le trésor y perdent-ils un centime de leurs droits ? le public n'est-il pas aussi bien servi ? la loi enfin n'est-elle pas respectée ? Pourquoi n'en serait-il pas de même pour les jeux dans les Cercles de Villes d'eaux ?

L'article 5 du projet de M. Vallé dit *qu'un prélè-*

*vement, dont l'importance sera fixée par l'arrêté
d'autorisation, sera fait sur le produit des jeux au
profit d'œuvres d'assistance ou d'utilité publiques.*
C'est là, mon exposé des motifs vous l'indique
suffisamment, le gros point noir pour toutes les
stations thermales et balnéaires en général et pour
Vichy en particulier. C'est sur ce point noir que
le projet de loi doit être amendé ; je ne doute
pas qu'il le soit si vous vous associez au vœu
que je vais vous présenter, et aussi si vous deman-
dez aux Chambres de Commerce des départements,
où il existe des villes d'eaux, d'unir leurs efforts
aux nôtres afin d'obtenir satisfaction.

Je ne veux pas solliciter de la Commission à
laquelle a été renvoyé le projet de la loi Vallé, la
suppression de l'article 5 ; bien loin de là ; je le
trouve nécessaire et juste, mais je voudrais que le
bénéficiaire de ce prélèvement fut la commune
même où se pratiquent les jeux. Ne pouvant demander aux législateurs que les autorisations soient
subordonnées au partage des charges locales, ce
qui serait équitable, je lui proposerai de faire
entrer ces charges en ligne de compte sans, toutefois, que cela nuise au produit total du prélèvement
à effectuer. Permettez-moi un exemple qui vous
fera comprendre la logique de ma proposition :

Dans une ville, il existe deux Cercles : le Cerle A
et le Cercle B. Le premier donne 200.000 francs, par
an, pour les attractions locales et des œuvres
d'utilité publique ; le second, de création récente,
ne donne rien ou à peu près. Eh bien, si l'arrêté
d'autorisation fixe à 5 %, de la recette brute, le taux
du prélèvement à opérer sur ces Cercles et si ceux
dont ie m'occupe réalisent chacun un million de

recette, le Cercle A paiera 50.000 francs plus les 200.000 francs qu'il s'est engagé — par traité — à verser chaque année et le Cercle B en sera quitte pour acquitter le montant de la taxe, soit 50.000 francs.

Il conviendrait donc, à mon avis, de s'en tenir à la somme versée par le Cercle A et de faire payer la totalité de la taxe par le Cercle B, si l'administration restait impuissante à répartir les charges en délivrant les autorisations.

En résumé, je voudrais que les prélèvements à opérer sur les recettes des Cercles et sur celles des Petits Chevaux fussent complètement attribués à la Commune où ces jeux fonctionnent et que, après un avis préalable du Conseil Municipal, ces prélèvement ne soient pas pratiqués dans les établissements qui consacrent aux œuvres d'intérêt général, une somme équivalente au cinquième de leurs recettes, quitte à répartir lesdits prélèvements sur les établissements similaires, où n'existent pas les mêmes charges, au prorata de leurs recettes.

Telles sont, Messieurs, les modifications que je voudrais voir apporter au projet de loi sur le régime des jeux ; je les crois justes et de nature à donner satisfaction aux intérêts des villes d'eaux et stations sanitaires de France.

J'ai donc l'honneur de déposer le vœu suivant :

V Œ U

« La Chambre de Commerce de Moulins
« émet le vœu que la loi sur le régime
« des jeux soit votée dans le plus bref

« délai possible et que le projet déposé
« par M. le Ministre de la Justice soit
« amendé de la façon suivante :

« ART. 3. — ....

« *2° Le Conseil d'Administration pourra*
« *toujours, sous sa responsabilité, se substi-*
« *tuer un fermier des jeux.*

« ART. 5. — *Un prélèvement, dont l'im-*
« *portance sera fixée par l'arrêté d'autori-*
« *sation, sera fait sur le produit des jeux,*
« *au profit des communes où fonctionneront*
« *ces jeux. Toutefois les Cercles ou Casinos*
« *qui justifieront du versement annuel, au*
« *bénéfice d'œuvres d'intérêt local ou géné-*
« *ral, d'une somme équivalente au cin-*
« *quième de leurs recettes brutes, pourront,*
« *après avis du Conseil Municipal de la*
« *commune intéressée, être exonérés, de ce*
« *prélèvement dont le montant sera reporté*
« *sur les établissements similaires au prorata*
« *de leurs recettes brutes.* »

Enfin, pour terminer, je vous prierai, Messieurs.
d'émettre un second vœu pour demander à la
Commission de la réforme judiciaire et de la législation civile et criminelle *de ne pas prendre en
considération les amendements proposés par M. le
député Holtz, qui, s'ils étaient adoptés, entraîne-
raient des complications beaucoup plus graves encore*

*que celles que nous redoutons des dispositions de
la loi déposée par le gouvernement.*

J'espère, Messieurs, qu'après avoir apprécié les
motifs ci-dessus exposés, vous voterez les vœux que
j'ai l'honneur de vous proposer dans l'intérêt des
villes d'eaux et que vous en déciderez l'impression
et l'envoi immédiat aux Ministres, aux Membres
de la Commission de la réforme judiciaire, aux
Sénateurs, Députés et Conseillers généraux de l'Al-
lier, aux Chambres de Commerce des départements
où il existe des villes d'eaux, et à tous les Maires
des stations balnéaires et sanitaires de France, les
invitant à une action commune.

Vichy, le 20 novembre 1904.

C. BOUGAREL.

Membre de la Chambre de Commerce.

Ces conclusions ont été adoptées à l'una-
nimité par la Chambre de Commerce de
Moulins dans la séance du 25 novembre
1904.

www.ingramcontent.com/pod-product-compliance
Lightning Source LLC
Chambersburg PA
CBHW050357210326
41520CB00020B/6357